Alfred Feist

**Die Geste des Loherains in der Prosabearbeitung der Arsenal-Handschrift**

Alfred Feist

**Die Geste des Loherains in der Prosabearbeitung der Arsenal-Handschrift**

ISBN/EAN: 9783743453142

Hergestellt in Europa, USA, Kanada, Australien, Japan

Cover: Foto ©ninafisch / pixelio.de

Manufactured and distributed by brebook publishing software (www.brebook.com)

Alfred Feist

# Die Geste des Loherains in der Prosabearbeitung der Arsenal-Handschrift

# Die Geste des Loherains

in der Prosabearbeitung

der Arsenal-Handschrift.

---

## INAUGURAL-DISSERTATION

zur

**Erlangung der Doctorwürde**

der

hohen philosophischen Fakultät zu Marburg

vorgelegt von

Alfred Feist

aus Leipzig.

(Ausg. u. Abh. aus d. Geb. der roman. Philol., Heft XX).

---

Marburg.

Universitäts-Buchdruckerei (R. Friedrich).

1884.

Herrn

# Professor Dr. Edmund Stengel

in dankbarer Verehrung

zugeeignet.

Bei dem grossen Interesse, das in neuer Zeit der französischen Literatur des Mittelalters entgegengebracht wird, muss es wunderbar erscheinen, dass ein so ausgedehntes Gebiet derselben, wie das der prosaischen Bearbeitungen der Chansons de Geste ist, noch nicht zu eingehenden Untersuchungen angeregt hat. Ist doch diese Prosaliteratur nach Léon Gautier's Ansicht die direkte Nachfolgerin jener poetischen, die man als die Blüte der volkstümlichen altfranzösischen Dichtung betrachtet und deshalb mit eifrigstem Bemühn durchforscht. Wie befremdlich also, dass die Prosaauflösungen, denen jene das Feld geräumt hat, noch so wenig Beachtung gefunden haben. Denn abgesehen von dem Kapitel in Gautier's Epopées françaises*), das die aus den Chansons de Geste geflossenen Prosaromane im allgemeinen zu charakterisieren versucht, und zwei erst kürzlich gedruckten Marburger Dissertationen**) giebt es wohl keine Schrift, auf die derjenige als auf eine Voruntersuchung verweisen könnte, der über diesen Gegenstand eine Arbeit unternimmt. Freilich sind diese Prosaromane, so weit wir sie bis jetzt kennen, nur abgeblasste Wiedergaben jener Dichtungen, die ihre Vorlagen sind, und mancher wird es für vernünftiger und erspriess-

---

*) Band I, 1. Aufl., S. 484 ff. In der zweiten Auflage fehlt das Kapitel noch.

**) Böckel, Philippe de Vigneulle's Bearbeitung des Hervis de Mes, 1888.
Schellenberg, Der altfranz. Roman Galien Rethoré in seinem Verh. zu den versch. Fassungen der Rolands- und Roncevaux-Sage, 1883.

Ausg. u. Abh. (Feist). 1

licher halten, den Originalen seinen Fleiss zuzuwenden, als den Bearbeitungen. Aber die Untersuchung der Bearbeitungen kann auch für die Kritik der Originale von Wert sein, von doppeltem Wert, wenn diese nicht oder nur unvollständig erhalten sind. So sind z. B., nach der Angabe Gautier's, die Chansons de Geste von Ernaut de Beaulande und Renier de Gennes, beide zum Cyclus des Garin de Monglane gehörig, sowie der Schluss des Moniage Guillaume nur aus Prosabearbeitungen bekannt. (Galien Rethoré, bei dem dies bis jetzt auch der Fall war, hat sich neuerdings in originaler Gestalt in der Bibliothek des verstorbenen Sir Thomas Phillips in Cheltenham gefunden*).) Hat man erst durch die Vergleichung erhaltener Epen mit den aus ihnen geflossenen Prosabearbeitungen einen Einblick in die Thätigkeit der Bearbeiter gewonnen, so wird sich leicht ein Urteil über den Charakter jener verlorenen Chansons fällen lassen.

Der Prosaroman, der Gegenstand vorliegender Untersuchung ist, ist enthalten in dem Ms. No. 3346 (früher 218a) der Arsenalbibliothek zu Paris und ist eine — wie es scheint die älteste — von den drei Prosabearbeitungen der Chansons de Geste des Loherains**). Er ist zu einer solchen Untersuchung deshalb besonders geeignet, weil sich seine Entstehung mit annähernder Genauigkeit nachweisen lässt. Seine Quelle, die Chanson de Geste, ist uns in einer grossen Anzahl von Handschriften überliefert, und unter ihnen befindet sich eine, die zwar nicht selbst die Vorlage der Prosa ist, aber nachweislich doch nur wenig von dieser abweicht. Die Frage, welches diese Handschrift ist, hat bereits Vietor in seiner trefflichen Arbeit über »Die Handschriften der Geste des Loherains« (Halle 1876) berührt und ist

---

*) Vgl. Romania XII, Janvier 1883. G. Paris, Le Roman de la Geste de Monglane.

**) Meine Untersuchung beschränkt sich auf die Teile der Geste, welche Garin und Girbert gewidmet sind. Der letzte von Anseis handelnde Teil, dessen poetische Vorlage bezeichnend genug ausser in LN und einer vaticanischen Hs. auch in S enthalten ist, musste vorläufig unberücksichtigt bleiben.

auf Grund eines kleinen Auszugs der Prosa a*) zu dem Resultat
gekommen, dass sie mit S, Q und Z eine abgeschlossene Gruppe
bildet**) und am nächsten mit S verwandt ist. Nach Auffindung der Fragmente von Troyes (t)***) hat Stengel gezeigt,
dass auch sie dieser Gruppe zuzuweisen sind****). Es ist nun zu
eruieren, ob jenes auf Grund kleiner Auszüge von Vietor gefundene Resultat sich bei Berücksichtigung der ganzen bezüglichen Redaktionen aufrecht erhalten lässt, und sodann in eingehender Vergleichung zu untersuchen, welche Umwandlungen
die Geste unter der Hand des Bearbeiters erfahren hat.

Betreffs des Materials sei noch vorausgeschickt, dass die
Prosa in der vom Verf. im Herbst 1882 zu Paris ausgeführten
Copie benutzt wurde, ebenso wie einige in Frage kommende
Partieen von F und G. Die von Herrn Dr. E. Heuser genommenen Abschriften von Q und S hat derselbe in dankenswerter
Weise zur Verfügung gestellt. Der Anfang des Girbert lag in
Stengels Ausgabe (Rom. Stud. IV) vor, Z und einige andere beiläufig herangezogene Versionen sind in den Anlagen zu Vietor's
Schrift mitgeteilt.

Herrn Prof. Stengel, auf dessen freundliche Anregung hin
diese Untersuchung entstand, spricht Verf. auch an dieser Stelle
seinen wärmsten Dank aus.

---

*) Über die Stengel'sche Siegelbezeichnung, die im Verlauf der Arbeit beibehalten ist, vgl. Vietor S. 5.

**) Dies Resultat wird noch durch folgende Stellen gestützt, in denen a mit SQ im Gegensatz zu andern Hss. steht:
1) *F. lui dit qelle estoit grosse deulx trois* a 26b₁₄. *Elle est encainte des .vij. germains cousins* S 90d₁₃, Q; fehlt FGEMPX.
2) *.viixx. pris* a 26c₁₁ S 91c₂₃ QF; *plus de mil EPX bien mil M.*
3) *Limoge* a 26a₁₉ S 92a₁₇ QF; *Behorges* EMPX.
4) *Arnaut le Poiteuin* a 26d₁₁ S 92a₁ Q; *Hernaut dou Plaseis* EX; *H. le Palasin* MP.
Vgl. Rom. Stud. IV, 442 ff.; Vietor S. 42 ff.

***) Hrsgg. v. P. Meyer, Romania 1877. X, 481.

****) Zeitschr. f. rom. Philol. 1878. II, 348 Anm.

## I. Teil.

### Stellung von a im Stammbaum der Lothringerhandschriften.

Die Vergleichung von a (2c₂₆ ff.) mit t und den t entsprechenden Partien von Q (4d₂₉ ff.) und S (4a₂₇ ff.) ist bei der Kürze der Fragmente von Troyes (das erste besteht aus 77, das zweite aus 76 Zeilen) nicht sehr ergiebig.

1) atQS übereinstimmend: *Beggon donna le sien.*
2) a übereinstimmend mit t im Gegensatz zu QS:
*et lors bailla son enseigne a fromondin* a; *Fromondin font lensegne bailler* t. *et (a, S) Fromd. font lensegne porter* QS.
3) a übereinstimmend mit S im Gegensatz zu Qt:
   a. *Joifrois le fieulx Gaudin* aS. *J. li nies G.* Q; *Goifrois cil qui fu nies Gaudin* t.
   b. *Gauter* aS. *Berenger* Qt.]
4) a übereinstimmend mit St im Gegensatz zu Q:
*torna* a; *tornerent* t; *tournent* S. *vont* Q.
5) a übereinstimmend mit Qt im Gegensatz zu S:
*le conte Hardoin* a; *li cuens Harduins* Qt. *conte Bauduin* S.
6) a übereinstimmend mit QS im Gegensatz zu t:
*luj randit Mes* a; *rent li sa terre* Q; *si li rendi* S. Fehlt t.

Nur in 2) findet eine Übereinstimmung von a mit t im Gegensatz zu QS statt, die jedoch sowohl durch ihre Natur (dasselbe gilt von 1) und 4)), als dadurch, dass sie vereinzelt ist, kein Gewicht hat. Ähnlich verhält es sich im sechsten Fall. Allerdings steht das von a Gebotne nicht in t; man kann aber sehr wohl die Worte von a als selbständigen Zusatz betrachten, wie sich solche bisweilen in unsrer Prosa finden (s. u.). Der

Zusammenhang macht diese Zusatzbemerkung notwendig; sie lässt sich aus demselben entnehmen. Fall 5) wird weiter unten benutzt werden. Die interessantesten sind die beiden unter 3) zusammengefassten Fälle, in denen sich offenber aS in Gegensatz zu Qt stellt. Die Lesarten von S *(fieulx)* und t *(nies)* werden durch S5a₁₈ und t II, 17 gestützt, während sich an der betreffenden Stelle in Q (6a₁) *freres* findet. In a wird die Angabe nicht wiederholt. — Sicherlich ist diese Abweichung a's von t kein vollgiltiger Beweis dafür, dass a nicht am nächsten mit t verwandt sei; aber es giebt keinen Beweis für das Gegenteil, und so lange nicht grössere Partieen von t gefunden sind, muss man von einer Bestimmung der Stellung von a zu t absehen.

Ähnlich verhält es sich mit den beiden durch Z bezeichneten Fragmenten, die Vietor S. 69 ff. abgedruckt sind. Sie weisen keine wörtlichen Übereinstimmungen mit a auf, aus denen sich auf eine besonders nahe Verwandtschaft von a und Z schliessen liesse, noch auch lässt sich eine Übereinstimmung der übrigen Handschriften mit a in den Z entsprechenden Partien beobachten, die zwischen a und Z nicht bestünde. Dem ersten Fragment (Vietor S. 69—74) entspricht:

*a* 28c₁₆—₁₇: Ger. et Ge. — trouueret Fremondin et les vit quj estoiet en sa compaignie quj estoiet de retour;

*und* ₁₁—₂₄: Ger. et Ge. les vindret assaillir et les trois combatiret les .vii. si vaillanment qnil les tueret tous;

und dem zweiten Fragment (Vietor S. 76—81):

*a* 29d₁—₁₁: le roy Curboucle auoit vng tres bon destrier et dauant tous autres saprouchoit de Ger. Ger. et Ge. bien soy merueilloiet de la bonte de se cheual si pria Ge. et Ga. *(!)* quil voulsiet jouster au roy Carboucle et que il luj donnast Fleurj son destrier. Ger. ne luj vost greanter le destrer si soy courouca trop fort Ge. et quant Ger. le voit si courroucé si luj promist par ainsi que quant il seroit sur ses ennemis quil lui presteroit. lors vint Ger. jouster au roy Car⁶ et le tua et amena son cheual flouri. puis monta sur flouri et torna a la bataille et fit si vaillenment que ces .vii. roy furet desconfis.

Es lässt sich auch hier das Verhältniss zu a nicht genau bestimmen.

Anders bei der nun vorzunehmenden Vergleichung von a mit S. Es ist, wie bereits erwähnt, schon von Vietor (§ 13) angegeben worden, dass die Prosa am nächsten der Version der Chanson steht, die uns in der Handschrift S überliefert ist. Vietor fand dieses Resultat bei der Vergleichung einer kleinen Passage der Prosa mit den nächst verwandten Redaktionen. Unsre Vergleichung der ganzen Prosabearbeitung hat zu demselben Resultat geführt. Dies soll nun dargelegt werden durch Mitteilung der Stellen, in denen a mit S von Q oder mehreren nahe stehenden Handschriften abweicht. Es muss hierbei wie bei jeder Handschriftengruppierung eine sorgfältige Abwägung der brauchbar scheinenden Fälle eintreten. Man wird häufig kleine, wenn auch auffallende, wörtliche Übereinstimmungen dem Zufall zuschreiben und deshalb unberücksichtigt lassen müssen; und nur die Kürze einer Handschrift kann es rechtfertigen, wenn, wie es oben bei Vergleichnng des nur aus 152 Zeilen bestehenden t mit a geschehen, eine Übereinstimmung, die nur in einem Wort *(bailler,* a t, gegenüber *porter,* QS*)* stattfindet, überhaupt angeführt wird. In S aber finden sich überzeugendere Fälle in grosser Anzahl.

Für überzeugend sind vor allen die Übereinstimmungen zu halten, die zwischen längeren Aufzählungen in den beiden zu vergleichenden Handschriften stattfinden. a hat an mehreren Stellen solche Aufzählungen aus seiner Vorlage herübergenommen und zeigt dabei nicht nur in den aufgezählten Namen an sich, sondern auch in der Reihenfolge, in der sie stehen, eine Ähnlichkeit mit S in Gegensatz zu den übrigen Handschriften, die den Gedanken an eine zufällige Übereinstimmung unbedingt ausschliessen muss. Aus folgenden Zusammenstellungen wird dies ersichtlich werden.

## I.

| | a 1 d₁₈ ff. | S 2d ₄₇ ff. | Q 3c₉ ff. | G 6b₁₈ ff. |
|---|---|---|---|---|
| ) | de laissnee yssi Aubris duc de Bourgoigne | de Helui laisne issi Aubris | Heluis fu laisnee sen vint Aubris | laisnee — ot non la bele Helouis — ses fils ot non li bons dus Hernais |
| ²) | — — — | — — — | — — — | si ot .j. frere — Oedes |
| 3) | de la seconde li Alemans Auris | wie a | de lautre apres li Al. Olris | de lautre — issi li frans dus Auberis |
| 4) | et de la tierce Girart du Liege | et de la t. Gerars qui Liege tint | de la t. Gerars qui Lieges tint | et de la t. li Alemans Olris |
| 5) | — — — | — — — | il et Gautiers icil qui Troyes tint | — — — |
| 3) | de la quarte Hues de Chambresis | wie a | wie a | et de la quarte Girars qui Liege tint |
| 7) | et Gauter conte de Hainau | Gautiers ses freres de Haynau li marcis | — — — | Gautiers ses freres cil qui Hainau meintint |
| 8) | de la Vᵉ Arneis le conte d'Orliens | de la Vᵉ Hernaus ki Orliens tint | de la Vᵉ Ernaus qui Orliens tint | — — — |
| 9) | et Garner de Paris | — — — | — — — | — — — |
| 10) | de la VIᵉ Hues de Rains | de la VIᵉ Hues de Rains issi | et de la siste Hues dou Mans issi | et de la siste Jofrois li Angeuins |
| 11) | — — — | Il et Garniers ychis ki Branie tint | Il et Garniers icil qui Droes tint | — — — |
| 12) | de la VIIᵉ Joyfroy conte d'Anjou | de la VIIᵉ Joffrois li Angeuins | de la setisme J. li A. | de la septime Hue dou Mans issi |
| 13) | — — — | — — — | — — — | Garnier le preus icil qui Dreues tint |

## II.

| | a 3b₃₁ ff. | S 6c₄₆ ff. | Q 8a₅ ff. | G 13b₁₅ ff. | F 11c₂₁ ff. |
|---|---|---|---|---|---|
| 1) | Aubris | Aubris | li Borgoins | les Bergoins | Auberis |
| 2) | Auri de Coloigne | Auris kist de Coulogne nes | l'Alemans qui de C. ert nes | li A. qui de C. est n. | wie G |
| 3) | — — — | li quens Gerars | Gerars li preus | li dus Begues | Girart del Liege |
| 4) | Gauter | Gautiers | wie S | wie S | wie S |

|   | a 3b₈₁ ff. | S 6c₄₅ ff. | Q 8a₅ ff. | G 13b₁₅ ff. | F 11c₉₁ f |
|---|---|---|---|---|---|
| 5) Richart de Normandie | de Normandie Richars | wie S | wie S | wie S |
| 6) Ernais | Hernays | wie S | dus Hernais | wie S |
| 7) Joffroy | Joffroys | wie S | wie S | wie S |
| 8) Huez de Nantez | Hoiaus de Nantes | Hues del Mans | wie a | Hunalz de Na tes |
| 9) Salomons | wie a | wie a | wie a | wie a |
| 10) Begues | wie a | wie a | ——— | wie a |
| 11) Do | wie a | quens Dos | ——— | quens Don |
| 12) Amauris | wie a | ——— | ——— | A. de Neuerz |
| 13) Huez de Troiez | wie a | wie a | ——— | wie a |
| 14) Terri d'Ardane | wie a | li Alemans Thierris | wie a | wie a |

III.

|   | a 5a₇ ff. | S 12a₈₃ ff. | Q 14c₉ ff. | G 21d₃₀ff. | F 15b₉ ff. |
|---|---|---|---|---|---|
| 1. Huon de Tornay | H. ki Tournay tint | H. qui Gornaj tint | ——— | wie Q |
| 2. le conte de Beaunesins | le c. as Biaunises | le c. as Beauuoisins | le c. en Biauuoisin | le c. au Bealuóisins |
| 3. Girart de Mondyder | Gerart ki Mondidier maintint | wie S | ——— | wie S |
| 4. Roger de Cleremond | wie a | wie a | wie a | wie a |
| 5. | ——— | ——— | Hanri | wis G |
| 6. Oeudon (?) de Roye | Eude de Roye | Herbert de Roye | wie Q | wie Q |
| 7. Herbert de St. Quentin | wie a | Oedon de St. Qu. | ——— | wie Q |
| 8. | ——— | ——— | Aniorrant de Couci | ——— |
| 9. Pirron d'Aras | Pieron d'Artois | wie S | wie S | wie S |
| 10. Josselin | ——— | wie a | wie a | wie a |
| 11. Droon d'Amiens | wie a | wie a | Galerant | wie a |
| 12. Son frere Amauri | wie a | son fil A. | son frere Gaudin | wie Q |
| 13. Robert de Beues | R. de Boue | R. de Boues | ——— | wie Q |
| 14. Engerrant de Couci | wie a | wie a | ——— | wie a |

| | | | | | |
|---|---|---|---|---|---|
| 5. Tumas de Male | Clarembaut de Vendeul | Thomas de Marle | wie Q | | wie Q |
| 6. Sauari | Henri | wie a | wie a | | wie a |
| 7. Clerembaut de Verdin | de Ribemont Alyaume le Florj | Clarenbaut de Venduel | — — — | | wie Q |
| 8. Aleaume le Fleurj de Ribemont | Thumas de Marle | Henri | de Ribemont Aliaume le Florj | | wie Q |
| 9. — — — | Sauari | de Ribemont Aleaume le Florj | — — — | | wie Q |
| 10. Henri de Pie | a Grant Pre Henri | wie S | wie S | | wie S |
| 11. le seigneur de Chausny | le s. de Causin | le s. de Chauni | wie Q | | wie Q |
| 12. Cerci (?) | Tieri | Henri | — — — | | Tirri |
| 13. Foucon | wie a | wie a | — — — | | wie a |
| 14. Josselin | Roisselin | Rosselin | Auri | | wie Q |
| 15. Galeran | wie a | wie a | — — — | | wie a |
| 16. Gaudin son frere | son fr. G. | wie S | — — — | | wie S |
| 17. a Verdun leuesque Josselin | etaueuk chou le ueske Lanselin | a Verdun le riche Lanselin | a V. remandn L. | | wie Q |
| 18. — — — | — — — | — — — | Fromont | | — — — |
| 19. — — — | — — — | — — — | Jocelin | | — — — |
| 20. Guillaume le seigneur de Monclin | wie a | son frere Guillaume de Monclin | wie Q | | wie Q |
| 21. — — — | — — — | Galeran et son frere estormj | — — — | | — — — |
| 32. Bernart de Nasil | dant B. de N. | wie S | wie S | | wie S |
| 33. son frere le conte de Bouloigne | a Boul. son frere | a B. son frere | wie Q | | wie Q |
| 34. Yones li gris ses fieulx | Ysorez ses fils | wie S | wie S | | wie S*) |
| 35. Faucons qui la Tour d'Ordre tint | Fromont qui la T. d'O. tint | wie S | wie S | | wie S |

*) Diese Ersetzung des Namens *Ysorez* durch *Yonez* findet in a durchweg statt.

## IV.

| | a 5c₁₉ ff. | S 14d₃₃ ff. | Q 17d₃₉ ff. | F 21c₄₀ ff. | G 26a₃₉ ff. |
|---|---|---|---|---|---|
| 1. | Gauter de Toulous | li Toulousains G. | li Toulousans | G. li preuz | li Tolosains |
| 2. | cil de Borgoigne | chil de Bourgogne | cil de Bigorne | li cuens Bigorre | — — — |
| 3. | cil de chastel Sorin | cil de castiel S. | cil de chastel Thierri | cil de ch. Ouris | — — — |
| 4. | Guis de Brart (?) | Guys de Biais | Guis de Bihais | Gui de Biais | Guis de Bias |
| 5. | Do li veneres | wie a | Dos li v. | wie a | wie a |
| 6. | li villains Heruis | wie a | ses freres Hernais | ses freres Henris | ses freres aus |
| 7. | Josselin d'Auuergne | en Auuergne — Josselin | d'Auuergne le conte Joselin | en Auu. le conte Joscelin | wie Q |
| 8. | ceulx de Bretaigne | cel de Bretaigne | Salemons | dan Salemon | cil de Bretaign |
| 9. | Orans (?) de Nantez | Hauwiaus de N. | Hunaus de N. | Hunalz de N. | Hunaus de N. |

## V.

| | a 5d₃₄ ff. | S 17d₁₉ ff. | Q 21c₄ ff. | G 30d₉ ff. | F 25a₃₅ ff. |
|---|---|---|---|---|---|
| 1. | ses gens de Brebant | sa gent chiaus de Br. | ses gens ceaus de Br. | Braibant iuienent | tote Braibant |
| 2. | ceulx doutre le Rin | chiaus doutre le R. | ciaus doutre le R. | cil doutre le R. | cil doltre le R |
| 3. | Joyffroy le filz Gaudin | Joffrois li fieus Gaudin | de Lusceborc Joifroit le fil Oudin | de Luceboure li fils au duc Odin | de L. Jeufroiz li filz' au d. Odin |
| 4. | Galerant | Galerans | de Lemborc G. | de Lanbourc G. | de Lanborc G. |
| 5. | son frere Auris | ses frere Gaudins | Gaudin | wie Q | wie Q |
| 6. | le seigneur de Namur | ychils ki Namur tint | cil qui N. tint | li cuens qui N. tint | wie Q |

## VI.

a 29c₃₀ ff.: 1) *le roy Carboucles* = ABCD·EFMOPQXZ. Fehlt S.
2) *Empiles. Empires* Q. *Ampires* AD·EMPX. *Ampiles* F. *Pieres* CO. *Pierus* B. Fehlt S.
3) *Aaron* = CD·FMPQS. *Madarans* AB. *Madetant* O. *Alarons* X. *Aiaarons* E.
4) *Seguins* = D·EFMPQSX. *Neruz* A. *Tigris* BCO.
5) *Gautiers. Gontiers* BCD·EFMOPQSX. *Gaifiers* A.
6) *Aufenions. Aufanions* D·EFMPQS. *Baufumes* ABCO. *Afilions* X.
7) *Maladin. Malardin* D·FPQ. *Falardres* S. *Amalras* X. *Samuel* ABCO. *Malardes* EM.
Folgen: 8) *Tempies* S.
9) *Falatres* S.

Aus dieser Zusammenstellung, und besonders aus den Nummern

10 ..... der Tabelle I,
2, 12 ... „ „ II,
1, 6, 7, 30 „ „ III,
3, 6 .... „ „ IV,
3, 4, 5 ... „ „ V,

geht hervor, dass a keiner der herangezogenen Handschriften so nahe steht, wie der Handschrift S. Zugleich aber wird durch diese Vergleichung evident, dass S nicht die direkte Quelle von a ist. a weicht an mehreren Stellen von S ab und stimmt mit den übrigen Handschriften oder einigen derselben überein. So in den Nummern

10, 15, 16, 17, 27 der Tabelle III
und besonders
1, 2, 8, 9 der Tabelle VI,

wo a mit den 12 verglichenen Handschriften in Gegensatz zu S steht. Dass aber a, wo es sich von S entfernt, stets mit sämmtlichen oder der Mehrzahl der zur Vergleichung herbeigezogenen Handschriften übereinstimmt, führt zu dem Schluss, dass an diesen Stellen eine selbständige Änderung von S vorliegt und a, wie S, aus einer uns verlorenen Version (S') geflossen ist, in der sich diese Abweichungen noch nicht fanden.

Im weiteren Verlauf der Vergleichung begegneten wir noch einigen Stellen, die dieser letzten Behauptung als Stütze dienen können.

So a 1d$_{10}$: *Et la premiere nuyt que il jut o elle*, entsprechend Q 3c$_4$: *Premiere nuit que li dus i dormi (que auec li coucha FG)* = FG, während dies in S nicht ausgedrückt ist.

a 27d$_{14}$: *depuis les pors de Neuble joncques as pors de Nauare*, entsprechend Q 118d$_{18}$: *des pors de Nuble (Nimes AD¹O) dusque as pors de Nauare* = AD'FO; fehlt BCEMPSX (Vietor S. 63).

a 28c₃₀ heisst es: *et lors lui demanda Gerbers qui le auoit fait cheualier. Mauuoisin luj dit que vng homme mort.* Der Gedanke fehlt S, während Q 125c₂₆ *Qui tadouba dist enfes j. mors hom* aufweist.

a steht ferner mit Q in Gegensatz zu S, wenn es 29a₂₀ *li Saigne, li Teurc et li Persant et li Danois* nennt = Q 128c₃₀, während S 102b₇ *li Teurc* und *li Danois* fehlen.

29a₂₂ bietet a: *pour vng an,* wie Q 128d₂₄ *dusqua j. an,* gegenüber S 102c₂ *dusqua .iii. mois.*

Für die letzten drei Punkte konnten weitere Handschriften nicht verglichen werden. Hierher gehört auch das oben S. 8 bei der Vergleicung von a mit tQS gefundene durch 5) bezeichnete Verhältniss: aQt im Gegensatz zu S,

*Hardoin* a, *Harduins* Qt, *Bauduin* S.

Dagegen ist die Angabe Vietors (S. 30) unzutreffend, dass in *les .ij. serors* und *les mirent en vng sac* a mit Q im Gegensatz zu S stehe; vielmehr findet sich ersteres S 81d₃₁, und S 83a₁₁ heisst es: *Ens en j. sak assambler et gesir,* entsprechend Q 103b₁₄: *Ens en j. sac les vont metre et gesir.* Dass a *mirent* und nicht *assamblerent* hat, wird Vietor doch nicht geltend machen wollen.

---

Nachdem wir so dargelegt haben, dass a am nächsten mit S verwandt ist, ohne aus ihm geflossen zu sein, lassen wir nun eine Übersicht derjenigen Stellen folgen, in denen a mit S, resp. mit S und Q wörtlich übereinstimmt. Zwar können das Resultat unsrer bisherigen Untersuchung zu stützen hier nur diejenigen Stellen dienen, in denen a mit S von Q abweicht, es mögen aber doch zugleich die Übereinstimmungen Platz finden, die zwischen a und den beiden anderen Versionen Statt haben, wenn auch aus denselben für die Gruppierung unsrer drei Redaktionen nichts resultiert.

| a | S | Q |
|---|---|---|
| 1: le duc Heruis prist congie du Roy Pepin et sentorna en son pais | 2c₄₄: Heruis sentourne sa de roy congie pris Si senreua ariere en son pays | 3a₄₄: Du roi se part Heruins sa congiet pris Ainc ne fina si uint en son pais |
| 1a: pour son corps seruir | 3c₄₁: pour mon cors seruir | 4b₁₁: wie S. |
| 1a₁: les mors o les mors et les viz o les viz | 3d₁₆: La mort au mort lautre le vif au vif | 4c₄: Li mort iront as mors li uif as uis |
| 2a₄: que de Gascogne il feist vng autre bon amy | 3d₁₇: Or faites sire de la terre .j. ami | 4c₅: Sire or refaites de la terre .j. amj |
| 3a₆: les Flamans luj vindret mercy crier | 4a₂₁: Et Flamenc vinrent au roy merchi crier | 4d₁₄: Flamenc lor sunt venu merci crier |
| 3a: maintes fois — desconfit | 24b₂₂: Et mainte fois dant Gerart desconfi | 29a₁₂: wie S. |
| 1₁: le roy leur donna jour pardauant lui a Paris au landemain de S. Denis | 25a₂₄: Je vous doins iour a ma court a Paris A lendemain de feste s. Denis | 30a₁₇: wie S. |
| d₁₂: a quatre lieulx de Bordeaux | 25b₁₁: A .iiij. lieues de Bourdele | 30b₁₆: A .ij. loetes de Bordeles |
| 1₁₄: puis le donna au vilain Heruis | 25b₂₁: Si le donna au boin vilain Herui | 30b₂₁: wie S. |
| 1₁₇: a Doon donna le chastel de Blansi et Valperdue et le puis de Monchi | 25b₂₆: Doon donna le castiel de Blansi Et Valperdue et les puis de Monci | 30b₂₄: Valparfonde et le puj, sonst wie S. |
| a₂₅: lui donna de la couppe | 27c₅: li donne de la coupe | 33a₂₆: li done de la nes |
| 0b₂₁: quj tant ameret Gerbert leur bon cousin | 32c₁₁: quj tant amerent Gerbert leur boin cousin | 40a₇: Qui tant amerent Gerbert le fil Garin |
| 1b₂: prist le chastel de Monuble et abati celui de Moncy | 38d₁₄: Pris a Monnuble et abatu Monchi | 46d₂₇: wie S. |
| 1d₂₂: malgre en eust | 42a₁₀: Mal gret en ait dant Bernart | 50b₇: Maugre Bernar |
| 2b₁₆: ce fut apres vin | 43d₁₀: che fu apres le vin | 51d₂₂: wie S. |
| 2c₁₁: met la main a la teste | 44c₂₁: met a se tieste se main | 52d₁₁: wie S. |
| 2d₂₁: Nieuelon vng chevalier quj fut de Besencon | 46b₁₂: Neuelon .j. chevalier nes fu de Besenchon | 54d₂₆: wie S. |
| 13a₃: il soy vouloit metre en la merci le roy et luj randre la ville | 46d₁: Et me metrai del tout en sa merchi, Toute Bourdele li renderai en fin | 55d₆: Si me metrai; li renderaj en fi; sonst wie S. |

| a | S | Q |
|---|---|---|
| 13b₁: le bon duc Auberis Huez des Mans et Garniers de Paris Girart du Liege et Joffroy l'Angeuin | 48a₂₂: Gerars de Liege et Joffrois l'Angeuins Hues del Mans et Garnier de Paris El premier cief li boins dus Auberis | 57c₁₇: Des loiges ist li Bc goins Auberis ₁₉: Gerars du L. et J. l'A geuins H. du M. et G. de Paris |
| 13c₄: Heruis quj mist le feu en la ville | 48c₂₂: Quant en la vile a Heruis le fu mis | 58a₂₂: Ont en la vile et c borc le fu mis |
| 13c₁₁: que il ce metoit du tout en sa merci | 48d₄: Je me metrai del tout en sa merchi | 58b₂₄: wie S. |
| 13d₄: Begg. estoit ung jour en son chastel de Belin | 49a₁₆: Un jour fu Beges ou castiel de Belin | 58d₂₄: wie S. |
| 13d₂₂: que oncquez puis ne le vit | 49c₅: conques puis ne le vit | 59b₂₄: que onques plus ₁ vit |
| 14a₁: passa la Gironde au port s. Clarantin | 49c₇: Passe Geronde au porc s. Clarentin | 59b₂₄: wie S. |
| 14d₁₂: bien le regardet et par darriere et par dauant | 51d₂₂: Il le regarde et deuant et derier | 62b₂₇: wie S. |
| 14d 22: cheit tout pasme | 51d₂₇: Pasmes kai | 62b₂₄: wie S. |
| 14d₂₄: le plus cortois de France | 51d₄₄: Le plus cortois — Qui onques fust en France | 62b₄₀: wie S. |
| 16b₂₄: demanda que ilz auoiet fait de Begg. | 55c₂₂: Kaues vous fait de Beg'. | 68b₁₄: wie S |
| 16c₂₄: la oust este F. detranche et occis | 57c₁: Fro. euissent detrenchie et ochis | fehlt nach 70c₂₄. |
| 17c₁₉: Buez des Mans et Garner de Paris | 61b₂₂: Hues del Mans et Garniers de Paris | 75a₂₄: wie S. |
| 17d₂₂: puis demanda treuez F. | 61 bis d₄: Trieues demande Fro. | 76d₂₂: wie S. |
| 18b₂₂: plusieurs prist que il fit escorcher et de male mort mourir | 64a₁₀: Molt en a fait morir et escorchier | 79d₁₇: wie S. |
| 18c₁₄: il auoiet leur foy mentie | 64b₅: leur fois ont menti | 80a₁₀: wie S. |
| 18d₂₂: qui estoit le mainsne de tous | 65c₄: Cert li maisnes de tous | 81c₂₂: C'est; sonst wie S. |
| 19a₁: Garner le nouueau cheualier | 65d₁₂: Garniers — Cheualiers fu nouuiaus | 82a₁₆: wie S. |
| 19a₁₅: Poncon qui tint Sorbrj | 66b₂₄: Poncon ki tint Sorbrj | 82d₂₂: wie S. |
| 19d₂₁: puis mist ors de Belin — les gardes | 69b₁₄: Il vint as gardes si les a tous hors mis | 86b₁₂: si le autous fors, sonst wie S. |
| 20a₅: prist Ays et la fit retenir et bien fermer | 69d₂₂: Ais en Gascongne fait li dus retenir Et bien fremer — | 87a₁: wie S. |

| a | S | Q |
|---|---|---|
| a..: aleret mectre le siege Bordeaux | 69d..: Deuant Bourdele lor est li sieges mis | 87a₁₀: a le siege; *sonst wie S.* |
| ..: que lun mort pour atre il pourroiet estre sans amis | 70b..: Lun mort vers lautre soit en escange mis Acordes vous si soyes boin ami | 87c₁₄: Luns mors pour lautre *etc.* Acordes vos et soies *etc.* |
| ..: F. soy mist entre luj la ville | 70c..: Entre Huon et la vile se mist | 87d..: *wie S.* |
| ..: Rigaut a pou ne fut rcene | 71a..: Rigaus lentent a poi nest foursenes | 88c..: Rig'. meismes chiet a terre pasmes |
| ..: .vi. cheualiers quj deens estoiet fit il escorier tous vifz | 72d..: Et chil dedens furent — escorcie tous vis | 90d..: *wie S.* |
| ..: et la furet ceulx d'Auays et doutre le Rin | 71c..: Et Aualois et chil doutre le Rin | 89b.: *wie S.* |
| ..: pour ce que lon soy outoit quil morust il fut erechief reuestu des drapz e religion | 73c..: Li moine doutent kil ne doie morir Moine lont fait les dras li ont vesti | 91c..: en doie *und* li font vestir; *sonst wie S.* |
| ..: alla retraicte que fit fut tue .vi. de ses filz | 74b.: A le retraite ke li cuens Fro. fist Y a li cuens perdu .vi. de ses fils | 92c..: A le retraite perdi .vi. de ses fis. |
| ..: F. demanda treues | 74b..: Trieues demande Fro. | 92c..: *wie S.* |
| ..: en despit de lui et son filz Fremondin | 74b..: el despit Fro. et Fromondin | 92d₁: en despit Fromt. et Fromondin |
| ..: de Milon de Lauardin qui tenoit la moitie du pais de Vegesin | 75d..: — Milon de Lauardin Qui le moitiet tenoit de Voghesin | 94b..: Vengesin; *sonst wie S.* |
| ..: li quens Rauous de Cambresy qui guerroya les .vii. filz Herbers *wie S.* | 75d..: Li cuens Raouls de Cambrai — Qui gerroia les .iiii. Herbert fils | 94b..: *wie S.* |
| affin que nul nen aillir ny antrer | 75d..: Que nus ni puist ne entrer ne issir | 94c.: *wie S.* |
| *wie S.* nguerrant le seigne Cousy quj nestoit ore du tout gari | 76b.: Et Engheran le signeur de Couchi Qui de ses plaies estoit aukes garis | 94d..: *wie S, jedoch* car *für* qui. |
| *est; sonst wi* | 76a..: tout a terre mis | 94d..: par terrre trebuchier et cheir |
| *ie S.* | | |
| *ie S.* nit bien la marche pais | 76d..: Ses marces a — garni | 95d..: a — ses marches garnis |
| *le autous for* le roy — luy bailla ners charges dor et it *S.* | 79b..: Il lendonna cargie .ii. somiers Dor et dargent — | 99a₁: *wie S.* |

| a | S | Q |
|---|---|---|
| 23b**: puis fit il bien garnir les chasteaux que le roy lui ot baille | 80d**: Li dus a fait ses boins castiaus garnir Que li donna lempereres Pepins | 100c**: Li dus a fait bons chastiaus garnir Que li rendi lemperere Pepi |
| et les randit a Gerin et Arnaut | Il les rendit et Hernaut et Gerin | Il les bailla et Hernaut Gerin |
| puis prist congie deulx et de Rigaudin | Vaissent li dus de Rigaut congie prist | Vait sent li dus de Rigau congiet prist |
| et sentorna a Mes en son pais | En Loheraine reuint en son pays | En Loheraine sen vint a son pais |
| departit son ost et conioya ses gens | Ses sodoiers et ses gens departi | Ses sodoiers et ses gens de parti |
| et leur donna or et argent a plente | Or et argent leur donne a leur plaisir | Or et argent lor done a lor plaisir |
| et la demoura troys ans luj et son filz Ger. sans faire nulle guerre | Li dus remaint il et Gerbers ses fils Bien fu .iii. ans onkes gerre ne fist | Li dus remaint jl et Gerben ses fis Bien fu .iiij. ans conques guerre ne fist |
| 24c**: priret le chastel de Dieu le gart | 82c*: Dieu le gart ont deseur Mousele assis | 102c**: Le traitor ont desus Muese asis |
| 25a*: Haton le Norment | 84b**: Haton le Normant | 104d**: wie S. |
| 25b**: au moustier S. Seurin | 85c**: el m. S. Seurin | 106b**: el mostier pour garir |
| 25d**: lun fut de Roye lautre de Poissy le tiers fut du chastel de Crespi | 88a**: Luns fu de Roie li autres de Poissi Et li tiers fu del castiel de Crespi | 109b**: et lautres; sonst wie S. |
| 26c**: quant la royne vint de sa chambre | 91c*: quant la Royne en ses cambres en vint | 113d**: wie S. |
| 26d**: car il souloit estre seigneur et maistre en celuj pais | 92b*: Vous solies estre sire de cest pays | 114d*: Sire esties de trestot cest pais |
| 27b**: a Montagu sen alla Guinemant et alla Roce Josselin le Normant | 93a**: A Montagu enuoie Guynemant Et ale Roche Josselin le Normant | 116a*: wie S. |
| 29a*: le roy lui dit que granz et petiz en parloient | 102a**: Oi lay dire les petis et les grans | 128b**: Je loi dire trepieca ala gent |
| 29c**: le roy demanda conseil a Ger. | 104a**: Gerb. demande pour lui donner consoil | 130d**: G. apele pour etc. |
| 30b*: Ger. folement lui responsait | 107c**: folement respondi | 134d**: adont si respondi |
| 30b**: fut pris oustages | 107d*: boins osaiiges prist | 135a**: ostaiges en prist |
| 30b**: F. quj fut ennuye du siege tenir | 108a**: Laisse le siege dont anuyes estoit | 135c**: Laisse le s. qui anujet lauoit |
| 30b**: si estoit venu au roy parler et pourchasser quil lui vouloist aider | 108a**: — ala parler au roy Quil li venist aidier — | 135c**: wie S. |

| a | S | Q |
|---|---|---|
| ss: quant la royne se t clamer putain | 111a₁₉: Quant la royne soi clamer putain | 138d₃₃: wie S. |
| s: son fillou auoit il estrangle a ses .11. mains | 111a₂₄: Qui son filleul estrangla de se main | 138d₃₃: Et s. f. estrangla a ses mains |
| ₃₃: ramena Ger. et donna auconduit a F. | 114b₁₇: Gerb. ramaine — Seur conduit a donne a Fromon. | 142b₃₃: Gb'. enmaine conduit liura From'. |
| 1₆: de li reffaire Belin | 115b₅: si referons Belin | 143b₃₃: wie S. |
| 2₁: sa selle nue nuz piez ₃t en lange vne verge en ₁on poign | 121b₁: Nue sa sielle — Nus pies en lange — La verge el puing | 150c₁₄: Nue sa sele — Lauerge el puing — |
| d₄: son bon cheual auoit ₁l donne a son ennemy mortel | 124a₄: — mon cheual — Donne laues mon anemi mortel | 154a₃₃: wie S. |
| b₄ u.₁₁: saillit sur pies | 125a₂₀ u.₄₃: saut en pies | 155c₆: G. saut sus u.₁₆: il saut a luj |
| b₁₃: des deux fois de genoilz le miret | 125a₄₄: Il lont — .11. fois a genous mis | 155c₃₃: wie S. |
| b₁₄: les autres failliret al enferrer si passa oultre | 125b₂: Al empresser ont li autre falli Outre sen passe — | 155c₃₃: Al apresser ont cil aluj fali Outre sen passe — |
| c₄: Mauu. congneut bien F. a vng vert eaume | 125c₇: Bien le connut au vert elme — | 156a₆: wie S. |
| ₃d₃: fit enfouir les mors et les blessez fit il aporter a Bor. | 126b₅: — fist les mors enfouir Et les naures — En fist porter a Bourdele — | 156d₃₃: A fait porter; sonst wie S. |
| ₃c₃: que il nauoit que vng an que il en estoit venu et que ses gens en estoiet tous lassez | 131b₉: — na mie encor ₄j. an Que ie reuing de Bourdele — Lasse y sunt et mi homme et ma gent | 163b₄: — na pas passe j. an Que iou reuing de Bordele — Que n (!) enfurent et mi home et ma gent |
| 7d₃: dist que la reigle estoit trop forte | 134c₅: La riule est fors | 168a₄: La riule est si fait mult a douter |
| ₃8b₁₉: .c. destrez .c. mullez et .c. faulcons muez | 136d₁₁: — .c. destriers Et .c. mules et. c. faucons muyes | 170d₁₉: — .c. destriers Et .c. mules mult bien aparillie Et .c. ostoirs et .c. faucons gruiers |
| 38c₃₃: que lui seul ne lauoit ose enuair | 137c₁₉: Que par mon cors nel osai enuuir | 171d₁₃: osai asalir; sonst wie S. |
| 38d₃₃: quj portoit le gofanon d'Esclauonie | 138c₂: D'Esclauonnie portoit le confanon | 173a₃₃: wie S. |
| 39a₁₀: Ger. lui dit quil auoit autre chouse a faire que prendre famme et conduire plais | 138d₃₃: El ai a faire li dus Gerb'. a dit Que femme prendre ne plait a maintenir | 173c₂₇: sire G. a dit; ne plais a m.; sonst wie S. |

Ausg. u. Abh. (Feist).

| **a** | **s** | **Q** |
|---|---|---|
| 39c₁₈: et que il mauoit plus doir fors que vng petit filz | 140b₄₄: Je nai plus doirs ne mais .j. petit fil | 175d₈₁: fors seul .j. p. |
| 40c₄: le miret en vne nef | 143a₁₄: lont mis en vne nef | 178d₁₉: *wie S.* |
| 40d₈₁: de ceului sceut bon gre Fr. | 144a₂: De cou li sot mult boin gret Fromondins | 179d₁₉: De ce lensolt; *s wie S.* |
| 41b₁₉: bien .ıı. ans et demy | 146d₂: bien .ıı. ans et demi | 182c₁₁: bien .iij. ans acom |
| 41d₂: il aroit Amadas en sa merci | 149c₁₄: Sert Amadas — a sa merci | 185d₁₉: en sa m.; *s wie S.* |
| 41d₁₁: il furet bien deux tans que les crestiens | 149d₄₀: Plus sunt .ij tans de la crestyenne gent | 186c₁₁: Quil sunt .ij. t que ne sunt crestien |
| 42a₂: bien exsaussa la loy crestienne | 151c₄₀: Crestiente essauca | *fehlt, da Blatt 188 der zerrissen.* |
| 42c₁₈: que il soy glorifioit de son mal | 153d₄₂: En mon damaige bien vous glorefies | 191c₁₈: or vous gl.; *s wie S.* |
| 43a₁₀: que en la guerre nauoit il encore riens gaigne | 157a₄₇: Car en la guerre riens gnaigniet naues | *fehlt nach* 195d₈₁. |

Es erübrigt noch, auf einen Punkt hinzuweisen, der bei der Aufstellung des Stammbaums unserer Handschriften Berücksichtigung finden darf. Wir begegnen nämlich in a einer Anzahl von Schreibfehlern, die mit Sicherheit schliessen lassen, dass die uns vorliegende Handschrift nicht erste Niederschrift der Prosaredaktion ist, sondern Kopie. Diese Fehler sind hauptsächlich solche, wie sie auch heute noch von dem Kopisten mittelalterlicher Handschriften nicht selten gemacht werden: er schreibt den soeben gelesenen Satz nieder, will nun zum nächsten übergehen und sucht deshalb in der Vorlage das letzte Wort des eben Kopierten. Dies Wort wiederholt sich aber in kurzem Zwischenraum, und durch Zufall richten sich auf das zweite statt auf das erste seine Augen, so dass er den Zwischenraum überspringend beim zweiten fortfährt. In unserer Handschrift findet sich dieser Fehler zunächst 12d₁₀:

> mains bons cheualiers furet mors a saint Seurin le roy torna celle jornee atant F. soy retrait et fit enterrer les mors a saint Seurin le roy torna a sa tente.

Die Worte *a saint Seurin le roy torna* (vor *celle jornee*) sind durchstrichen; der Kopist hat also seinen Fehler bemerkt und verbessert.

Ferner 38a 21:

> — dit que ceu nestoit pas vie de moignez par telle Fre. gouuerna son abbe et les moines par telle maniere que —,

wo das erste *par telle* getilgt ist.

Etwas anders verhält es sich 11b 14, wo es heisst:

> si prist conseil de sen aller par mer a Bordeaux pour accorder ses amis au roy Pepin — si sen parti de Lans auec vne grosse compaignie et quant il fut a Bordeaux pour accorder ses amis Hamez lui vint andauant —.

Hier ist der Kopist von dem zweiten *Bordeaux* auf das erste zurückgekommen und hat irrtümlicher Weise die auf das erste folgenden Worte *pour accorder ses amis* nochmals abgeschrieben. An zweiter Stelle sind sie gestrichen.

Seltsamer ist die 11a 15 angebrachte Korrektur. Die Stelle lautet:

> vint a Blainez et laparet le siege et soy retrayret passa la Gironde quant Bordelay le sentiret venir rompiret le siege et soy retrayret a Bordeaux.

Hier findet nicht, wie oben, Wiederholung eines Wortes statt. Hat vielleicht die Wiederholung des Buchstaben *p* in *passa* und *rompiret* den Kopisten irregeführt, so dass er von ersterem auf letzteres überspringend beide Worte zu *laparet* verschmolz? Auch hier hat er den Irrtum schnell bemerkt und die Worte *paret le siege et soy retr.* gestrichen.

---

Das Resultat der bisherigen Untersuchung ist folgendes:

Die Prosa a steht am nächsten der in der Handschrift S erhaltenen Redaktion der Chanson des Loherains. S ist jedoch nicht die Quelle von a. Als solche ist vielmehr eine verlorene, mit $S^1$ zu bezeichnende Version anzusehen, die zugleich Vorlage von S war. Verloren ist auch die erste Niederschrift $a^1$ der Prosaredaktion. a ist Kopie.

Das Verhältnis lässt sich folgendermassen darstellen:

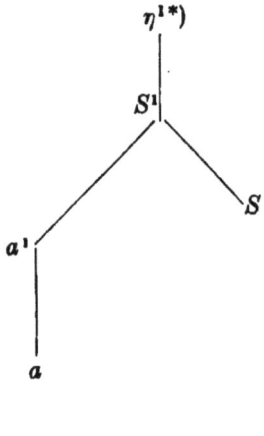

## II. Teil.

## Wie hat der Verfasser der Prosa die Chanson behandelt?

Es soll nun im einzelnen die Thätigkeit des Prosaredaktors untersucht werden. Bei der zu diesem Zwecke vorzunehmenden Vergleichung der Prosa mit der nächstverwandten Handschrift S fällt zunächst auf, wie der Bearbeiter den ihm gebotenen ungeheueren Stoff zu verhältnissmässig geringem Umfange zusammengedrängt hat. Während S aus beinahe 163 Blättern besteht, von denen jedes auf 4 Spalten je 47 Zeilen, also 188 Zeilen, trägt,

---

*) Vgl. Zeitschr. f. rom. Phil. 1878. II, 348 Anm.

nimmt die Prosa nur etwa 44 Blätter mit je 4 Spalten ein, von denen jede circa 30 Zeilen fasst.

a giebt also den Stoff bedeutend **gekürzt** wieder. Von der Kürzung wurde alles das betroffen, was für das Verständniss der Erzählung nicht erforderlich war.

So werden zunächst die **Wiederholungen** vermieden, die sich in der Chanson in grosser Anzahl finden.

In S (39a$_{16-38}$) erzählt Bernart de Nasil dem Fromont die Vorfälle, die zur Belagerung von Bordeaux Anlass gaben (Überfall Begon's u. s. w.). Da diese Vorfälle alle schon dargestellt sind, kürzt a, indem es sagt (11b$_{6-9}$): [*Bernart*] *luy conta — la cause pourquoy — le roy tenoit le siege dauant son frere a Bordeaux*.

Ähnlich wird S 42b$_{2-12}$ dem Fromont berichtet, was der Leser schon Blatt 41 und 42a erfahren hat; a umgeht die Wiederholung mit den Worten (12a$_1$): *ainci le manda a F*.

59c$_{6-25}$ stellt S dar, wie Fromont mit seinem *linage* kommt und die Absicht ausspricht, Girbert u. a. zu töten. Das wiederholt sich in der Erzählung des Ritters vor Auberi (59c$_{43}$—59d$_2$) und nochmals in der Auberi's vor Garin (59d$_{5-9}$). In a ist es nur das erste Mal ausgeführt, dann aber als bekannt vorausgesetzt (17a$_{12}$).

Die bereits geschilderten Ereignisse des Kampfes erzählt in S 63b$_{16-36}$ Rigaut der Königin; a giebt das 18b$_{15-17}$ an, führt diesen Bericht aber, um die Wiederholung zu vermeiden, nicht aus.

Aus demselben Grunde ist es in a (19d$_{4-7}$) nur kurz berührt, wie Benselin, der *chamberluin*, dem König das Geschehene und dem Leser schon Bekannte erzählt, während S diesen Bericht 68d$_{6-36}$ ausführt.

Auch für S 76b$_{14}$—76c$_{25}$, wo der Bote vor dem König und der Königin bereits früher erzählte Einzelheiten (Besiegung Bernart's u. a.) berichtet, findet sich in a nichts Entsprechendes.

S 78b$_{10-17}$ giebt Garin an, aus welchen Gründen er Pipin aufsuchen will; als er vor den König tritt, legt er auch diesem sie dar. In a fehlt das Erstere.

S 119a—b wird derselbe Bericht nach einander dem Girbert, dem König, der Königin gebracht, während a 32c₂₆—₂₉ zusammenziehend sagt: [*Mauuoisin*] — *dit au roy a la raine a Ger. (et Ge.) comme Ar. estoit encores vif* u. s. w.

Die Anerbietungen, die Fromont, um den Frieden herzustellen, dem König macht, werden in S nicht weniger als dreimal genannt: erst schlägt sie Guillaume dem Fromont vor (119d₁₇—120b₁₆), dann überbringt er sie dem König (121a₂₁—121b33), und schliesslich empfiehlt Pipin sie dem Girbert (121d₁₈—122a₁₂). In a finden sie sich nur einmal (32d₁₉—33a₈₂), und zwar folgendermassen eingeleitet: [*F.*] *enuoia Guillaume au roy en message et lui supplioit dacourt et lui offroit de soy rendre a Rains* u. s. w.

Ähnlich rät in S 130a₁—₁₅ Hernais dem Arnaut, Boten zu Fromondin zu schicken, und nennt die Bedingungen, die sie ihm vorschlagen sollen. Dieselben Bedingungen werden ebenso ausführlich den Boten, als sie zu Fromondin gelangt sind, in den Mund gelegt (130a₃₃—₄₅). a führt sie nur einmal an, nämlich 36b₁₂—₁₇: *Arnaut le jour suiuant manda a Fremondin que il lui enuoiast sa famme* u. s. w.

Die a 36c erzählten Vorgänge werden in S ebenfalls zweimal dargestellt; 130d₁₀—₄₅ werden sie dem Girbert, 131a₅—₂₃ dem König geschildert.

140a₂₉—140b₁₅ schliesslich wiederholt S, was schon 134a erzählt wurde, dass nämlich Gerin und Mauuoisin den gefangenen Fremondin töten wollen, aber von Girbert daran verhindert werden. a vermeidet auch diese Wiederholung, indem es (39c ₈—₁₀) sagt: *et depuis molt trauailla a le sauuer de Ger. et de Mauuoisin.*

Auf dasselbe Princip, dem diese Vermeidung von Wiederholungen entspringt, ist es zurückzuführen, wenn a über die in seiner Vorlage sehr häufig vorkommenden Schilderungen stillschweigend oder mit wenigen Worten hinweggeht.

So ist, um zunächst die Schilderungen von Personen zu

berücksichtigen, der äusseren Erscheinung der zu Rosse in Paris einziehenden Blancheflor in a mit keinem Worte Erwähnung gethan, während S (25d₈₄—26a₄) ein sorgfältig ausgeführtes Bild von ihr bietet.

Ebenso verhält sich a gegenüber den Schilderungen, die S 55b₄₆—55c₈ von Rigaut und seiner Begleitung, 68a₈—₁₈ von Guillaume und seinen Gefährten, 78d₁—₁₆ von Garin und Auberi giebt.

Beschreibungen der äusseren Erscheinung junger Ritter finden sich ferner in S fast regelmässig da, wo die Adoubements jener geschildert werden. Während S dieses ziemlich ausführlich zu thun pflegt, mit Wiedergabe selbst der Regeln *(chastiements\*))*, die dem jungen Manne mitgegeben werden, geht a darüber stets schnell hinweg. So entspricht a 6c₇—₈: *F. ordonna que Guill. de Monclin seroit cheualier* der Passage 20b₂₄—₃₈ in S, a 11d₁₀-₁₂: *a la requeste le conte Baudouin et Ber. fit il cheualier son filz Fremondin* der Passage 41a ₁₆—₄₅ in S, und für die in S 5 Spalten (57c₂₅—58d₂₁) füllende eingehende Schilderung von Girbert's Adoubement hat a nur die Worte (16d₈—₉): *G. — enuoia son filz Gerbers au roy pour le faire cheualier et le roy le fit o bonne chiere et lui donna de beaux dons et si fit la royne quj bien lamoit puis prist conie.*

Die Schilderung des Festes St. Beney, wie es Garin mit seiner Umgebung feiert (S 54a₄₆—54b₁₈), fehlt a, ebenso die Schilderung der Vorbereitungen, die zum Empfang der Bordelesen von Garin und den Seinen getroffen werden (S 56d₄₄—57d₈), und des Empfanges, der Gerin und Arnaut in Metz (S 65b₁₈—₂₁) bereitet wird.

Einer starken Kürzung werden vor allen Dingen die in S meist sehr breit ausgeführten Schilderungen **kriegerischer Ereignisse** unterzogen.

---

\*) Solche Chastiements finden sich öfters in unserem Epos, so 20b ₁₄—₂₈, 28c₁₁—₁₄, 41a₂₁—₄₁, 43a₁-₁₀, 55a₃₀—₃₆, 57a₂₂—₂₇, 65a₁₁—₂₂, 107d₄₀—₄₄. Das didaktische Element der Chansons de Geste verdiente eine Spezialuntersuchung.

Das Aufgebot des Königs (S 37b₄—₁₆) ist in a durch 11a₁₁—₁₂: *le roy se mist en grant puissance en ost* wiedergegeben, die Erzählung vom Aufbruch Begon's und dem Abschied von Beatris (S 37c₂₅—37d₁₂), die Vorbereitungen zum Aufbruch des Heeres (S 71 d ₃₉—₄₅ und 119b ₂₉—₃₆) fehlen a ganz. Für die Schilderung des Ausfalls, die S 20b₄₀—20c₁₂ giebt, bietet a nur (6c ₈—₉): [*F.*] *ordreneroit (!) vne saillie sur le roy Pepin.*

Die Verwüstung des Landes, die S 72c₁₀—₂₁ geschildert wird, erwähnt a mit den Worten (20d₁₄—₁₅): *en son chemin arsit la riuiere de Meuse.*

Die Einnahme von Nasil, die S 72b₁₃—72c₈ in ihren Einzelheiten dargestellt ist, wird von a (20c₂₃—₃₅) wiedergegeben durch: *lors fit il assaillir le chastel et le prist et le rua par terre*, und die Einnahme von Verdun, entsprechend S 74c₄₄—75a₄, durch (21c₁₀—₁₄): *et le jour suiuant fit il assaillir la ville de toutes pars et bien fut deffendue touttefois alaparfin fut elle prise.*

Die von S gebotenen Schilderungen von Schlachten unterzieht a einer besonders starken Kürzung. Meist werden von a nur die Heldenthaten der Hauptpersonen aufgezählt, und wird das Resultat mit kurzen Worten angedeutet, während S sich bemüht, in dem Leser eine recht deutliche Vorstellung von dem Lärm der Schlacht, der Erscheinung der Heere hervorzurufen, Gedanken und Worte der Kämpfenden, Beschaffenheit der Hiebe und der Wunden anzugeben. So z. B. fasst a die Beschreibung, die S 20c₁₄—20d₂₉ giebt, zusammen in die Worte (6c₁₀—₁₅): *moult y fut bon cheualier Guill. de Monclin moult y eut dure et cruelle journee F. pour ce jour ot du meilleur et moult des gens Huez de Cambresis furet tuez.*

Für S 22a₁₂—22b₂₁ hat a 6d₂₁—7a₆: *a celui jour de Bouloigne F. tua Amauri de Bienc cousin Garin mes tout apres moult y perdit F. car Begg. blessa Yuonnet le Gris et tua Fromont de Bouloigne son pere et Hanri de Montagu tua Fromont qui la tour d'Ordre tint.*

S 28d₂₇—29a₂₈ entsprechen in a die Worte (9c₁₉—₂₈):
*a la journee bien combatirent car ilz estoient deux vaillans
cheualiers mes alaparfin Yonet fut desconfit et Beggon le tua
en champ.*
S 34c₂₄—35a₁₈ resümiert a (10d₇—₁₀) in: *la y eut maintes
belles saillies et moult durmez y fit Begg. et ses compaignons.*
Der zwei Spalten füllenden Schilderung, die sich in S 46a₂₈
—46c₄₈ findet, entsprechen in a 8 Zeilen (12d₂₄—₂₂): *et celuj
jour pou y gaingna F. car Fregaudin (!) fit si vaillanment que
il prist son filz Fremondin Faucon et Josselin et .x. autres en
leur compaignie Giraume qui fut de Balugues et Giraume qui
fut nepueu Alorj Faucones tua ce jour Nieuelon vng cheualier
qui fut de Besencon.*

Als besonders eclatantes Beipsiel wollen wir die beiderseitige Wiedergabe des Kampfes, den Guillaume de Blancafort gegen Arnaut, Garin u. A. zu bestehen hat, hier anführen.
S erzählt folgendermassen (68b₁₀—68c₁₀):

> 68b₁₀: Voile Guillaumes a poi nesraige vis
> Voit son neueu mort a terre gesir
> Se il nel venge mult se prise petit
> 13 Le destrier broce des esperons dorfin
> Brandist la hanste al achier poiteuin
> Tant com il peut des esperons ferir
> 16 Hernaus latent quant il le vit venir
> Bien le sachies pas ne li volt guenchir
> Tels cols se donnent es escus biauuissis
> 19 Quil sentrebatent des destriers arrabis
> Tous premerains est Hernaus sus salis
> Jouenes hons est si a le ceur hardi
> 22 Nest pas meruelle fieus fu au palasin
> Au duk Begon del castiel de Belin
> En nule ters not cheualier ei fin
> 25 Hernaus li preus au branc dachier fourbi
> Se deffent bien car il sot descremir
> Mult grant meskief signeur auoit enki
> 28 Ja luns des .ij. nen alast sains ne vis
> Quant y souruinrent et Gerbers et Gerins
> Do li veneres Berengiers et Gaudins
> 31 Qui les rens cerkent contre leur anemis

Et quant Guillaumes vit chiaus sur yaus venir
Ni vausist estre pour tout lor de Paris
34 He las dolans li cuens Guillaumes dist
Del roy de France ses conduis vaut petit
Le ceur eut il vighereus et hardi
37 Dales lui garde son cheual a coisi
Il fist .j. saut par le regne le prist
De le terree en la siele sali
40 En fuies tourne si a lestour gerpi
Quant lencontra li loherens Garins
Li preus Gerbers et Hernaus ses cousins
43 Do li veneres li peres Maluoisin
Brochant tout .iuj. vont Guillaume ferir
Grant cop li donne cascuns si comme il vint
46 Lescut li percent sous le boucle a or fin
Li .j. fiert haut lautre bas ce mest auis
68c₁ Si com cascuns peut au poindre venir
Li fiers fu caus ne pot lachier souffrir
El cors li plongent leur achiers poiteuins
4 Copent leskine et les bras et le pis
Mort le trebuscent droit enmi le chemin
Si le deueurent com fait li leus brebis·
7 Dont trait lespee li loherens Garins
Arestes est deseur son anemi
Tres le braiel le pourfent dusquel pis
10 Foie et poumon par terre en espandi.

Diese breite Schilderung fasst a zusammen in die Worte (19c₁₃): *la fut il pris et tue.*

Von den anderen Stellen, die für diese Darstellungsweise als Belege dienen können, seien hier nur folgende angeführt:

S 2a₄₅—2b₄₇ ... verglichen mit a 1c₁₄—₂₆,
S 21d₂₇—22a₄ .. „ „ a 6d₁₉—₂₁,
S 37d₃₆—38b₁₂ .. „ „ a 11a₂₁—₃₁,
S 61 bis a₄₄—61 bis c₄₀ „ „ a 17d₁₈—₂₉,
S 62d₄₀—63a₃₆ .. „ „ a 18b₂—₆,
S 122b₂₁—124c₂₁ . „ „ a 33b₂₁—34a₅

(beiderseits mit Unterbrechungen),

S 144a₁₁—144c₂₇ verglichen mit a 40d₂₂—41a₅,
S 148a₂₃—149b₂₉ „ „ a 41c₁₁—₂₉,
S 150a₉—151c₂ . „ „ a 41d₁₈—₃₂.

Während so der Verfasser der Prosa in den meisten Fällen die von S geschilderten Kämpfe in gekürzter Form reproduziert, lässt er andere ganz unerwähnt, solche nämlich, die keinen tötlichen Ausgang haben. So fehlt a der von S 46c<sub>33—41</sub> beschriebene Zweikampf Begon's mit Bernart, in dem letzterer verwundet, nicht getötet wird, und der S 73c<sub>33—43</sub> dargestellte, in dem Girbert den Bischof Lanselin zu Boden wirft; in gleicher Weise lässt a unerwähnt den Kampf Arnaut's und Fromondin's S 100d<sub>44</sub>—101a<sub>14</sub>, Mauuoisin's und Guillaume's S 122d<sub>16—24</sub>, Mauuoisin's und des Ritters von der Gascogne S 124c<sub>7—8</sub>, Arnaut's und Huon's, Mauuoisin's und Guion's, Hernais' und Sanson's, sämmtlich S 129c<sub>1—11</sub>.

Nächst den kriegerischen Ereignissen sind am konsequentesten die häufig vorkommenden Botensendungen dem Kürzungsprinzip des Redaktors unterworfen worden. Während S mit Vorliebe alle Details derselben erzählt, erwähnt a nur ihre Resultate oder lässt sie unberücksichtigt.

a 13a<sub>24—26</sub> heisst es: *Beg.—prist le borc et la bassecourt [de Blancafort]*, entsprechend S 47b<sub>47</sub>: *Et li dus Beg. a tost le castiel pris.* Dann fährt a fort (13a<sub>26—29</sub>): *Joyffroy et Gasselins rendiret la grosse tour du dangon leurs corps et leurs biens sauues.* In S aber folgt (47c<sub>2—3</sub>):

Il en appiele Joffrois et Gasselins
Rendes la tour dont vous estes saisi *u. s. w.*

Gasselin bittet Begon, sich zu gedulden, bis er sich bei Guillaume, dem Herrn von Blancafort, Rats erholt hätte (47c<sub>7—8</sub>):

Dist Gasselins donnes nous .j. respit
A monsigneur trametrai le matin *u. s. w.*

Darauf Begon (47c<sub>13—14</sub>):

je lotroi Gasselin
Conduit vous doins desci au reuenir.

Der Bote wird abgeschickt und kommt nach Bordeaux. Der Pförtner hat Befehl, niemandem den Eintritt zu gestatten. Als er jedoch erfahren, dass jener eine Botschaft an Guillaume hat, sagt er (47c<sub>25</sub>):

Atendes moi girai parler a lui;

und der Bote (47c 27):
> Va dont tost frere haste toi dous amis.

Der *portier* kommt zu Guillaume und erhält die Erlaubniss, den Boten einzulassen (47c 36—39):
> Le pont auale et chils sast dedens mis
> Duscal palais ne prist il onkes fin
> Voit les barons ses a araison mis
> Li quels a nom Guillaumes li marcis *u. s. w.*

und nun richtet er seinen Auftrag aus (47c 48—47d 8). Darauf hält Guillaume von Blancafort mit Guillaume von Monclin, Fromont und Bernart de Nasil Rat (47d 4—6) und giebt dem Boten den Bescheid (47d 18—21):
> Ales vous ent ariere biaus amis
> Si me dires Joffrois et Gasselins
> Que il se rengent et mecent en merchi
> Je ne veul pas que il soient honni.

Der Bote entfernt sich, kehrt nach Blancafort zurück und überbringt Guillaume's Worte. Es folgt ein neues Gespräch zwischen Gasselin und Begon, und nun erst übergeben sie sich *leurs corps et leurs biens sauues* (47d 48). Die ganze ausführliche Erzählung fehlt a.

Nicht weggelassen, aber zusammengezogen hat a die breite Darstellung, die S 119b 41—119c 36 von einer Botensendung giebt. Hier ist der Ritt des Boten von Bordeaux nach Gironville geschildert, seine Ankunft bei Fromont und sein Bericht vor demselben. In a hingegen heisst es (32d 11—13): *F. ja auoit oui nouuelles de lauenue du roy.*

Ähnlich sagt a 38a 15—16: [*Fre.*] *oit nouuelles que Gerin aloit au roy Anseis*, wo S (135a 40—135b 21) die Abreise eines Ritters, seine Ankunft in Bordeaux und seinen Empfang bei Fromondin schildert.

> 135a 47: Fro. demande dont vient tes cors plenier
> 135b 1—8: De Blaiues sire huimain al esclarcier
> Ses tu nouuielles gardes nel me noyer
> Et chils respont verite en oyes *u. s. w.*

Dem *Arnaut — manda Fremondin pour estre son compere* (a 41b 23—24) entspricht in S die Passage 136b 34—146c 3:

[Hernaus] Vit ses enfans mult en ot le ceur liet
Dame dist il faisons les baptisier
Oil dist elle le matin au moustier
Mais sil vous plaist Fromondin mandissies
Dame dist il bien le veul otroyier

Es wird also ein *escuyer* abgeschickt, Fromondin zur Taufe seiner Neffen einzuladen. Der Bote kommt nach Bordeaux, *Fromondin treuue desous $g$. oliuier* und entledigt sich seines Auftrags.

Ähnlich ist von a (41c₄) mit dem einen Wort *manda* wiedergegeben, was S 147a₇—₈₄ erzählt; hier ist Girbert in seinem *palais marbrin*, ruft einen Boten und sendet ihn zu Gerin, damit dieser ihm zu Hilfe komme. Der Bote

Tantost monta si a le congiet pris
Isniellement a le voie sest mis
Droit vers Coulongne acuelli son cemin
Tant a erre au soir et au matin
Que a Coulongne descendi sous le pin
Pus est montes sus el palais marbrin
Gerins estoit al eskiekier assis
Li mes parla com ia pores oir,

und jetzt erst richtet er seinen Auftrag aus.

So giebt auch a 41c₆ das Wort *manda* den S 147b₈₀—147c₁₈ geschilderten, in Girbert's Auftrage ausgeführten Ritt Mauuoisins nach Gironville wieder, und die Worte (a 42b₂₃₋₂₆) *si enuoia a Couloigne et pria Ge. quil y vossist puis manda Fre. et Ar.* entsprechen der ausführlichen Darstellung S 153a ₂₅—₄₂ und 153b₁₂—₁₈.

Von den übrigen Stellen, die hier als Beispiel dienen könnten, seien zitiert:

S 25d₈—₂₅ .... verglichen mit a 8b₁₅--₁₈,
S 45d₁₇—₄₀ ....        „       „  a 12d₁₄--₁₈,
S 48d₄—₂₁ ....         „       „  a 13c₁₀—₁₁,
S 130a₁—₂₃ ....        „       „  a 36b₁₂,
S 139a₄₀—139b₂₂        „       „  a 39b₇*).

---

*) Hier seien zugleich die Kürzungsformeln angeführt, mit denen sich der Bearbeiter, gleichsam um sich wegen seiner Kürzungen zu entschuldigen, an den Leser wendet: *que vous dirai je* (a 26c₁₀, 28c₁₁, 33b₉, 37a₈) und *pour dire brief* (a 40a₁₀).

Während es uns bei den angeführten Beispielen nur darauf ankam, zu zeigen, wie der Prosabearbeiter den von S mit epischer Breite dargestellten Aufbruch des Boten, seine Reise, seine Ankunft am Bestimmungsorte u. dergl. wiedergiebt, so ist zum Teil an ihnen auch die Behandlungsweise, die a den direkten Reden widerfahren lässt, ersichtlich geworden. Auf diese Behandlungsweise soll nun näher eingegangen werden. Sie ist eine mehrfache. Wenn die Rede, die der Dichter einer seiner Figuren in den Mund gelegt hat, ohne hervorragende Bedeutung für den Gang der Handlung ist, so lässt sie der Bearbeiter unberücksichtigt, gemäss dem Prinzipe, nur wesentliches aufzunehmen. In dieser Beziehung vornehmlich kann auf die Seite 31—33 angeführten Stellen verwiesen werden. Scheint ihm dagegen der in der betreffenden Rede mitgeteilte Gedanke, die in ihr zum Ausdruck gebrachte Stimmung notwendig zum Verständniss des Zusammenhangs, so charakterisiert er entweder diese Stimmung, diesen Gedanken mit wenigen Worten, oder aber er giebt die Rede als solche wieder, letzteres meist, indem er sie in indirekte verwandelt; nur in wenigen Fällen behält er die direkte bei.

Diese wenigen Fälle — es sind fünf an Zahl — seien zunächst angeführt.

2b₂₀—₂₁ sagt a: *Hardres pour conforter le roy les mors o les mors et les viz o les viz*, entsprechend S 3d₁₅—₁₆:

Ensi auient sire Hardres a dit
La mort au mort lautre le vif au vif

a 7b₃₀—7c₂₀ heisst es:

[Bernart] araisonnet le roy en ceste maniere noble roy soyez recors que vostre Charles Marteaulx fut moult obpresse par vng quj soy nommoyt Girart de Rossillon et combien que par le roy il fut maintez fois desconfit toutesuojez en fut son royaume moult endommage il fit venir les Wandres qui apresant soy nomet Flamans quj assiegeret Rayns et la ville de Paris et tant fit forte guerre que il faillit que le roy donnast les fours et les moulins de son royaume es nobles pour sa guerre maintenir et le pape a sa requeste leur donna les diames que lors tenoiet les moynnez noirs si seroit mieulx disoit Ber. que vous preissez F. et son linage a merci que de les vouloir destruir pour le mal quj sen peut insuir.

Die entsprechende Stelle (24b22—24c10) in S lautet:

24b22: Drois empereres pour dieu entenc ami
Karles Martiaus ki tant regne conquist
Tante bataille et tant estour venki
25 Et mainte fois dant Gerart desconfi
Par celle guerre dans rois ke ie vous di
Furent ochis li cheualier gentil
28 Poure remessent li enfant et li fil
A donkes vinrent li Wandre en cest pays
Qui prissent Rains et assissent Paris
31 Karles Martiaus vos peres li gentis
Vit sa contree et sa terre laidir
Apaines pot la soie gent tenir
34 Al apostole .j. parlement empriat
Par son commant et par cou ke il fist
As cheualiers donna fours et meulins
37 Donna leur dismes et rentes autresi
De coi li moine noir estoient saisi
Frans cheualiers ne faites mie ensi
40 Qui son nes cope il deserte son vis
Vees de Lens Fromont le poesti
Rices hons est et enforcie damis
43 Se le deboutes et decauses ensi
Que li cuens laist ta terre et ton pays
Et il sen uoist a cheualiers .iij$^m$.
47 Sousciel na lui ne puisse bien garir
Frans cheualiers aijes de lui merchi
24c1: Vous estes jouenes bacelers et mescins
Se chiaus en getes ki te doiuent seruir
Vous en verres vostre regne apourir
4 Et vo couronne abaissier et honnir
Sur vous venront paijen et sarrazin
Ne vous poront loherenc garantir
7 Que ne vous faicent de male mort morir
Prenc boin consel si mande Fromont chi
Sil tout meffait ke il soient garni
10 Del amender et tout a ton plaisir

Fernerhin findet sich direkte Rede a 14d28—30:

[Fromont] dit faulx murtriers vous cuidez auoir tue vng larron et vous auez tue le meilleur cheualier et le plus cortois de France certes fait il je vous enuoieray a son frere G. pour faire de vous telle iustice comme il lui plaira.

Dem entspricht in S (51d₉₉—51bis a₉ und 51 bis a₁₀ —₉₉):

51d₉₉: Fil a putain dist Fro. li guerriers
Vous me deistes kauies ochis bernier
.J. lecheour garcon et pautonnier
42 Non aues certes mais .j. boin cheualier
Le plus courtois et le mieus ensignie
Qui onkes fust en France ne sous chiel
45 Fil a putain com maues engignie
Las or verrai mon pays essillier
Et mes grans tours abatre et pecoyer
51 bis a₁ Et deuant moi morir mes cheualiers
Je ni ai coupes si le comparai chier
und 51 bis a₁₀ Fieus a putain li vieus Fro. a dit
Vous me disies kauies bernier ocis
.J. veneour de cel autre pais
13 Non aues voir dieus maudie ton vis
Ains aues mort .j. cheualier gentil
Che est dus Beghes del castiel de Belin
16 La nieche auoit lempereour Pepin
Freres germains au loherenc Garin
Et si ert oncles le bourgignon Aubri
19 Gautier d'Esnau Huon de Cambresis
Chil sunt preudomme si marcissent ami
Las or verrai mes grans castiaus saisir
22 Et ma contree essillier et laidir
Et moi meiames en conuient a morir
Et si nel ai ne pourcachie ne quis
25 Mais or sai bien comment porai garir
Je vous prendrai ki lui aues ochis
Ens en ma cartre ferai les cors gesir
28 Tiebaut premiers mon neueu ki le fist
Pus manderai a Mes le duk Garin
Que chiaus ai pris ki ont le duk ochis
31 Si li rendrai trestout a son plaisir
Sa volente en fera li marchis
Ardoir v pendre v escorchier tous vis
34 V a tous jours jeter fors del pays
Coi quil en faice moi le conuient souffrir.

Weiterhin giebt a (21c₉₉—₉₉) folgende Rede Guillaume's de Monclin in direkter Form:

lors luj dit Guille. cest est pour voustre fait et par le conseil de voustre oncle Bernart et par celuj de vostre frere Guille. le marcis or en

o —s| il estez tuez et si auez perdu .xi. des bons filz et mains autres de
 1s amis et voyez vostre pais destruire et bien est en uoie destre apres
 truit et tous les vostres si vous ne faitez acort et bien le uous auoye
 et conseille.

In S sagt Guillaume Folgendes (75c 7—17):

75c 7    iel auoie bien dit
         Nest pas mencongne se creus fust mes dis
         Bien le sacies que il ne fust pas ensi
    10   Par coi sunt mort de cheualiers .vii. vins
         Et treboulee la terre et li pays
         Vous et mes oncles dans Bernars de Naisil
    13   Aues ces jeus et pourcacies et quis
         Est il or bien qu Eudes de S. Quentin
         Y est ocis et .xi. de tes fils
    16   Et maint des autres com en conte na mis
         Et mes chiers freres Guillaumes li marcis.

Folgende direkte Rede scheint Zusatz von a zu sein; in
en von uns berücksichtigten Versionen SQ und Rom. Stud. IV.
ındet sich nichts Entsprechendes:

(26c ss—26d s) nous estoions fait il .x. que freres que oncles grans
signeurs quj fumez au conseil et dacort diceste guerre enprandre or
ont ilz tous mors fors que vous et moy je auoie .xxx. fieulx quj tous
ont occis fors Fremondin.

Bei weitem häufiger findet die Verwandlung der direkten
Reden in indirekte statt. Aus der grossen Anzahl von Bei-
spielen, die hier beigebracht werden könnten, sei nur eins
herausgegriffen.

S 70b 10—28 heisst es:

70b 10  Adont parla Guillaumes de Monclin
        Sire Fromont meruelles puis oir
        Quant tramesistes Begon le poesti
    13  A Mes le grant au Loherenc Garin
        Ens en la biere v li cuens fu assis
        Il vit ses hommes plourer a moult haus cris
    16  Et vns et autres les grans et les petis
        Confortes les com cheualiers de pris
        Faites ensi frere je vous en pri
    10  Mors est Guillaumes de Blancefort la chit
        Et mors est Eudes del bourc de S. Quentin
        Sas perdu chiaus ke as engenui

Ausg. u. Abh. (Feist). 3

22 Prandes j. mes si lenuoyes Garin
Trieue et acorde mandes au palasin
Lun mort vers lautre soit en escange mis
25 Acordes vous si soyes boin ami
Se vostre guerre dure longhement si
Nous y perdrons de nos milleurs amis
28 Et il des leur kil ni poront falir.

Das wandelt a folgendermassen um (20a₂₄—₃₁):
lors dit Guille. de Monclin a F. que il seroit bon de faire acort ↄ Ga. et que Begg. son frere auoit este tue et maintenant Guille. le marц frere F. estoit mort et que lun mort pour lautre il pourroiet estre bos amis.

Nicht weniger häufig als die Verwandlung der direkten Reden in indirekte findet die blosse Charakterisirung derselben statt.

So steht a 5d₁₄—₁₇: *F. fist tres oultrageuse responce au messagier et soy prist de grosses parolles a lui* für S 17c₉—₁₁;
a 4a₃₃—4b₃: *si ce priret de grosses parolles G. et F. d mains iniurieulx reprouchez firet de leur linage* für S 8d₂₈—₄₇;
a 14c₁₈—₂₀: *commanda son ame a Dieu et fist ses regret: de sa damme et de ses beaux enfans* für S 51b₁₈—₃₁ und ₂₆—₂₈;
a 19d₁₂—₁₅: *la roine toudis soustenoit ses cousins et voulait appaiser le roy* für S 69a₁—₉₇;
a 20a₁₀—₁₄: *moult furet ioieulx de sauenue et bien soy pleignoiet de grans maulx et guerres que leur auoiet fait les Bordelois* für S 69c₁₄—₈₇;
a 22c₃₃—22d₁: *et la y eut de grosses paroles dune part et dautre* für S 78d₂₆—79a₁₂;
a 22d₁—₃: *La roine et leuesque Henris voulsiret la noise apaiseir* für S 79a₂₃—₂₆ und ₃₆—₃₇.

Fast durchgängig werden so die Totenklagen behandelt.
So steht a 2b₁₃: *le roy fut moult corousse* für S 3d₁₃—₁₄;
a 15b₁₂: *qui lui vist faire ces regretz ne fust loial ceur a qui il nen prist pitie* für S 52a₁₉—₂₀;
a 16a₂: *Garin quj en fit si grant deul que nul ne le pouoit reciter* für S 54c₅(₁₅)—₂₃;

a 16b₁—₃: *elle fit si grant deul et si piteux cri que cestoit pitie delouir* für S 55b₅—₁₅ und ₁₉--₂₁;

a 19a₂₂—₂₄: *Audegons fame Heruin fit moult grant deul de ses fils Garner et Beraut* für S 66c₂₁—₂₃;

a 20a₁₉: *F. fit grant deul a merueille* für S 70a₄₁—70b₂;

a 24b₁₇—₁₉: *Adonc fit si grant deul — que nul ne pourroit reciter* für S 81c₄₆—81d₁;

a 33c₂—₃: *Dieu quel deul fit Guill. quant il vit son filz mort* für S 123b₂—₁₄ u.₁₉—123c₅;

schliesslich a 41a₇: *F. en fit moult grant deul* für S 144d₈—145a₁.

Wenn wir aus den bisher gemachten Beobachtungen die Summe ziehen wollen, so müssen wir konstatieren, dass sich der Verfasser der Prosa in einem ganz andern Verhältniss zu seinem Stoff befindet als der Dichter der Chanson. Dieser steht gewissermassen mitten in der Handlung, und er schildert das Geschehende naiv und ohne an den zu denken, der sein Gedicht liest oder hört. Der Verfasser der Prosa steht nicht in der Handlung, er steht über ihr; er verarbeitet erst in Gedanken, was ihm das Gedicht erzählt: seine Darstellung ist subjektiv. Daher die indirekte Rede der Prosa, wo der Dichter das Gesagte in direkter Form wiedergiebt, daher die Kürzung des mit wahrheitsgetreuer Breite Erzählten, daher das Ausscheiden des Unwesentlichen, das dem Dichter in seiner Eigenschaft als unwesentlich gar nicht zum Bewusstsein gekommen ist, u. s. w.

Von diesem Gesichtspunkte aus sind noch einige andere Eigentümlichkeiten der Prosa zu betrachten; so die Verallgemeinerungen, die a, wo S Spezialangaben macht, eintreten lässt.

a 17a₂₉—₃₀: *or et argent a sa volunte* für S 60a₁₇—₁₈:
Or et argent —
Plus que nen puissent porter .xv. ronci;

a 17d₉—₁₀: *Guille. de Monclin et pluseurs autres* für S 61 bis a₁₇—₃₀:

— Fro. li poestis
Il et Antiaumes et Foukars et Seguis
Si ot Fro. dusca .x. de ses fils
Si fu Guilles. lorgilleus de Monclin;

a 18b₁₂: *la royne lui donna de beaux dons* für S 63 c ₂₄:
Son boin cheual a fait Rigaut doner;

a 19b₁₈—₂₀: *les grans pais que il luj auient conquis* für S 67b₁₀:
Qui toute Flandre et Haynau vous conquist;

a 20b₂—₃: *son oncle Ber. et ses amis* für S 70c₇—₁₁:
Bernars de Naisil
Foukes Hues Guicars et Rosselins
Et Galerans et ses freres Gaudins
Et Engherans li sires de Couchi
Et Clarendeus ychils qui Vendeul tint;

a 20b₂₀—₂₁: *fit tous les maulx dont il sceut soy apenser* für S 71a₂₅—₂₇:
Ardent et proient et gastent le regne
Mainte maison ont par terre gete
Et maint proudomme ont a tort afole,

a 22d₂: *la royne lui donna de beaux presens* für S 79 a₄₈—₄₄:
.IIII. destriers a enuoyet Garin
Et .IIJ. mars de deniers estrelins;

a 24a₂₇—₂₈: *il en blessa et tua pluseurs* für S 81c₂₅:
Plus de .XIIII. li dus en abati;

a 28b₁₄—₁₅: *vng grant present et grant force dor et dargent* für S 98a₃₀—₃₄:
— .C. destriers seiournes
.C. palefrois et .C. muls affeutres
Et .C. haubers et .C. elmes gesmes
.X. muis de poiure a mangiers conraer
Et .XX. lupars .XX. ours enkaienes
Et mil mars dor en balance peses
Et .C. ostoirs et .C. faucons mues;

a 34c₁₀: *lui donroit de grans dons* für S 125c₁₉—₂₀:
Je vous donrai cest cheual ke vees
Et cest hauberc et cest elme gesme;

a 38b₆: *lui donna de grans dons* für S 136b₄₈—136c₁:
Cargier en fait la dame .IIII. muls
Dor et dargent de pailles de bouffus
De cendaus d'Ynde alistiaus dor batus;

endlich a 40b₆: *le roy manda grans gens* für S 142b₄₇
—142c₁:

> Mande Flamens et Nŏrmans et Ponhiers
> Et Bourgignons Alemans et Baiuiers.

Eine fernere Eigentümlichkeit der Prosa, die gleichfalls auf die subjektive Auffassungsweise des Bearbeiters zurückzuführen ist, ist die Neigung, auf bereits Bekanntes oder noch zu Erzählendes hinzuweisen, um dadurch das Verständniss des Zusammenhangs zu erleichtern.

a 1d₁₂—₁₆: *il luy engendra vng filz quj fut nomme Loherens Garin quj fut si noble cheualier comme il apara par ceste ystoire et puis ot vng aultre filz quj ot anom Beygon qui fut seigneur de Gascogne et du chastel de Bellin.*

a 2c₃—₆: *et lors sourcit enuie entre Hardres et son filz Fremont et Leherens Garin et son frere Beggon.*

a 17c₂—₄: *Belin et Gironuille furet adoubez quj depuis firet moult de maulx a F.*

a 19a₉—₁₄: *luj et son frere Moorans vindret conbatre Joffroy et le tueret et Huon de Valence — et reuengeret la mort leur frere.*

a 23c₆—₁₂: *la demoura troys ans luj et son filz Ger. — et moult soy repantoit des maulx que luy et son ost auoiet fait pour reuanger la mort son frere.*

a 42b₈—₁₄: *depuis en fit il faire vne couppe et lenchasser en or pour honneur de ceu quil auoit este si bon cheualier — et pour bien le fasoit come il disoit mes apres en aduint grant mal.*

a 28c₂₉—28d₁: *et lors lui demanda Ger. qui le auoit fait cheualier Mauuais. luj dit que vng home mort et depuis se tint a cheualier ne oncques puis neut* (durchstrichen!) *not autre cheualerie.*

Auch S bietet solche Hinweise (besonders um das Motiv der Blutrache hervorzuheben), die a, bisweilen ausführlicher, wiedergiebt.

a 15 d 15—18: *mes bien lui faisoit sauoir que il vengeroit sa mort et la mort son frere Trol quj auoit tue* für S 53 d 34:

> Tant con ie viue ne seres mes amis.

a 18 b 33—18 c 1; *plusieurs prist que il fit escorcher et de male mort mourir pour vanger la mort son maistre Begg.* für S 64 a 14—30:

> Rigaut les liurent le noble guerrier
> Il jure Dieu ki tout a a jugier
> Or ne argens ne leur vaut .j. denier
> Tout pour Thiebaut ki Beg. fist jugier
> Quen la foriest fist ochire al archier
> Chil guerredon li cuide il bien payer
> Mult en a fait morir et escorchier.

a 19 c 19—18: *Thomas du Plesseis — quj fut a tuer Begg. fut la tue par Arnaut fils de Begg. qui reuanga la mort son pere* für S 68 b 1—5:

> Hernaus regarde li freres au duk Gerin
> Si a veu Thiebaut del Plaisseis
> Che fu ychils ki la trayson fist
> Qui fist son pere dedens le bois mourdrir
> Hui est li jours kil li vora merir.

a 21 a 20—24: *quant G. vit son oncle mort et il luj souuint de Ber. quj auoit tue mauuesement Huon de Cambresi il frappoit sur Ber.* — für S 73 b 35 und 38—40:

> Gar. le voit a poi nesraige vis
> Dont li ramembre de Huon le mescin
> Le gentil conte ki tenoit Cambresis
> Que dans Bernars par trayson ochist.

a 34 a 5—6: *lors fut venge Ger. de la mort Ga. son pere* für S 124 c 31—32:

> Or est vengies Gar. li gentieus ber
> Li miens chiers peres cui Dieus puist bien donner.

Wie mit diesen Hinweisen, so zeigt der Bearbeiter auch sonst öfters die Tendenz, das Verständniss seiner Erzählung zu erleichtern. Er sucht dies durch **erläuternde und motivierende Zusätze** zu erreichen. In den hier folgenden Citaten sind die Zusätze durch weiteren Druck kenntlich gemacht; das eng Gedruckte ist die Wiedergabe des von S Gebotenen.

a 1c₉—₁₀: *comme bon subiet et amy manda tout son pouoir.*

a 1d₁₂—₂₀: *de laisnee yssi Aubris duc de Bourgoigne.*

a 2b₁₂—₁₇: *vindrent au roy Pepin pour pourveoir au gouuernement du pais.*

a 2b₂₅—₂₇: *et ce il disoit affin que le roy feist le don a son fils Fromondin.*

a 5b₂₀—₂₂: *Huez soy retraissit pour doubte des grans batailles quj souruenoiet.*

a 5d₁—₃: *pris la ville de Lyons la ville de Mascons et la tour de Belgi quj estoiet a Ber.*

a 7b₂₅—₂₇: *Bernart de Nasy quj estoit prisonner en lost du roy Pepin.*

a 7c₁: *Girart de Rossillon* (S 24b₂₅: *Gerart*).

a 7c₅—₆: *il fit venir les Wandres* (S 24b₂₉: *adonkes vinrent li W.*)

a 7c₆—₇: *les Wandres quj apresant soy nomet Flamaus.*

a 7c₁₂—₁₄: *le chasteau du Plaisseis.*

a 8c₁₅: *le roy manda la pucelle.*

a 8c₂₁—₂₃: *vng moygne qui bien estoit forge pour larceuesque.*

a 11c₃—₅: *Bernart de Nasil quj toudis mal pance.*

a 14b₃—₉: *auisa ce cheualier et cuidoit que ce fust vng robeur de venaison.*

a 14b₂₁—14c₂: *Begg. soy courroucsu car il nauoit pas a coustume par tielx gens estre mal mene.*

a 14d₁₄—₁₇: *bien congneut que cestoit Begg. de Bellins car pluseurs fois lauoit il veu arme et desarme.*

a 15b₂₈—15c₁: *ne lui vost dire le mal qui estoit.*

a 16c₂₈—₃₁: *la oust este F. detranche et occis si ne fust G. qui ne voulsit souffrir que sa treue fust rompue.*
a 17c₈—₉: *Rigaut ne se pouoit tenir de faire guerre.*
a 20b₉—₁₁: *F. soy mist entre lui et la ville tellement quil ne peut retorner.*
a 20c₆—₇: *R. a pou ne fut forcene car bien lamoit.*
a 21d₂₈—₃₁: *luy vint nouuellez que Gautiers — yestoit sus a grant puissance pour destruire son pais.*
a 23b₇—₉: *le roy lui fit trop grant chiere plus pour crainte que pour amour.*
a 23b₁₃—₁₆: *que il lui donroit or et argent assez et bien le pouoit faire car lors bien estoit il riche et bien auoit il gaingne en sa guerre.*
a 24b₁₀—₁₃: *si son pensa que il estoit matir et que les reliques en seroiet bonnes veu la noblesse dont il estoit plain.*
a 26c₆—₈: *le roy mesmes se leua pour aider rompre la melee.*
a 28b₃₁—28c₁: *F. auoit fait foy de ses terres au roy Yon roy de Ays en Gascogne.*
a 29a₁₃—₁₆: *Anseis — quj tenoit la terre dantre Muse et le Rin Bauiere et Alemaigne et Saissone et si auoit la terre de Lorainne a lui obligee.*
a 30b₂₀—₂₂: *Bernart de Nasil quj auoit jecte les draps de religion et laisse labbaye.*
a 30c₁₆—₁₇: .ııı. *roys le roy de Gales Norroys Anglois Tyoys.*
a 31d₂₀—₂₂: *puis quant F. vit quil auient asses vitaillez il sappensa dune grant traison.*
a 34d₁₂—₁₃: *le roy Marsilles qui estoit Sarrasin.*
a 39b₁₂—₁₇: *toutesuoiez nauoit il que mil cheualiers qui fusset en estat de combatre car tous les autres auoiet este mors ou blessez a la bataille.*
a 40a₁₄—₁₆: *mes de tout le roi le randit a Ger. pour en faire toute sa voulunte.*

a 40c₄—₅: *le miret en vne nef pour porter al amiral.*
a 44c₇—₁₀: *mes il ne le cungneurct point car pour labit quil auoit et la vie quil menoit il estoit trop defigure.*

Schliesslich seien noch einige logische Verbesserungen angeführt.

S 53d₁—₂₅ (*Vilainement nous aues entrepris*) und a 15d ₄—₈ (*luj dit que mal auoit fait de lenuoier* (!) *sans lui mander deffy et que sur la trieuue du roy Pepin se iour lui auoit tue son fils*) wirft Haymon dem Rigaut die unehrliche Art des Angriffs vor. S geht auf den Vorwurf der Unehrlichkeit, um die es sich handelt, gar nicht ein, sondern lässt den Rigaut nur auf die Ermordung des Begon hinweisen. In a dagegen nimmt Rigaut den Vorwurf der Unehrlichkeit auf und legt besonderen Nachdruck darauf, dass auch Begon nicht in offenem Kampfe, sondern auf hinterlistige Weise getötet worden sei. a 15d₉—₁₅: *Rigaut lui respondi que trayteusement Thebaut du Plesseis et sans deffy auoit tue Beggon son maistre et que pour le reuanger ne failloit mander deffy puisque trayteusement auoit este tue.* a bietet also hier, im Gegensatz zu S, das logisch Notwendige.

Als die Leiche Begon's nach Orleans kommt, gehen ihr König und Königin entgegen (S 55a₁₈—₁₉):

Encontre vint lempereres Pepins
E la royne a cui il ert cousins.

Von Begleitern derselben erwähnt S nichts. a ergänzt das logisch Geforderte, indem es sagt (16a₂₂—₂₃): *le roy Pepin et la royne et tous ses amis.*

S 61b₁₉, ₂₂, ₂₃ und ₂₆—₃₄ heisst es:

Vaissent Rigaus —
— droit a Orliens senuint
Illeuk seiourne —
Il demanda pour le duk Hernais
Il le trouua tout droit a Baubenci
Ensamble o lui fu Joiffroie l'Asgenins

Hues del Mans et Garniers de Paris
On leur conta Rigaus li fils Herui
Est a Orliens v atent ses amis
Hernays lot siest el ceual sulis
Dusca Orliens ne prist il onkes fin
A sen neueu mult grant joie fist il.

Nachdem also Rigaut den Hernais in Baubenci gefunden, macht sich Hernais auf, um Rigaut in Orleans zu sehen. Diesen Widerspruch vermeidet a, indem es sagt (17c₁₈—₂₂): *et sen vint a Orliens Arnais Joffroy l'Engeuin Hues des Mans et Garner de Paris quj lors estoiet a Baugensi le vindret veoir.*

So bietet auch 20a₁₉—20b₃ a das logisch Richtigere, wenn es erzählt: *F. fit grant deul a merueille — lors dit Guillaume de Monclin a F. que il seroit bon de faire acort o Ga. — F. soy corrouca trop grandement a Guillaume et iura que la mort son frere seroit reuangee;* in S dagegen folgt der Rat des Guillaume erst auf die Worte Fromonts (70a₄₄—₄₆):

Ne plaice a Dieu ki en la crois fu mis
Que en soit faite acordance ne fins
Dusca kel heure vengemens en soit pris.

Es ist unsinnig, dass Guillaume in dem Augenblicke, da Fromont Rache geschworen, ihn zum Frieden bewegen will.

23c₁₆—₁₈ sagt a: [*Garin*] *fit traiter — vnes longues treues et F. les greanta.* Dies musste hervorgehoben werden, um zu motivieren, dass die Leute Garins unbewaffnet kamen. In S ist es nicht geschehen. a bietet also auch hier das logisch Richtigere.

Mit (24b₁₅) *lors soy despasma G.* verbessert a einen offenbaren Fehler von S, das an der entsprechenden Stelle (81c₄₈) *li dus se pasme* hat.

S 113c₁₀—₄₆ wird eine Schlacht geschildert, die vor Orleans stattgefunden haben soll. Das steht in Widerspruch mit 113d₃₅—114a₁₁, wo erzählt wird, wie Fromont, der noch vor Orleans liegt, den alten Gondris als Unterhändler zu Girbert schickt, um eine Schlacht zu vermeiden. a hat den Wider-

**spruch** dadurch aufgehoben, dass es die Schilderung de
**nicht wiedergiebt.**

S **124** d 15—16 verlangt Gerin von Girbert das Ross
obgleich er kurz zuvor (124b 41—49) jeden Anspruch auf dasselbe aufgegeben hat. Dass Gerin sein Wort nicht hält, widerspricht seinem sonst ehrenwerten Charakter. a hebt diesen Widerspruch auf, indem es Gerin die Forderung im Scherz stellen lässt: *lors lui dit Ge. par esbatement que il lui rendist* (34a 19—20).

Wir glauben, hiermit die bemerkenswertesten Eigentümlichkeiten der Prosa angeführt zu haben. Werfen wir einen Blick zurück auf das im zweiten Teile Behandelte, so sehen wir als Hauptcharakteristikum der Prosa die subjektive Darstellung. Sie wird ersichtlich an der Kürzung des Stoffes, an der Einführung von Kürzungsformeln, an der Behandlung der direkten Reden (allgemeine Charakterisierung derselben oder Verwandlung in indirekte Reden), an der Tendenz zu verallgemeinern, an der Neigung, auf Vergangenes oder Zukünftiges hinzuweisen. Zu diesen auf der subjektiven Auffassung des Bearbeiters beruhenden Modifikationen kommen solche, die durch Widersprüche in der Erzählung der Vorlage veranlasst sind, und Zusätze, die zur Erleichterung des Verständnisses dienen sollen.

Es schien uns nicht ratsam, von vorn herein diese verschiedenen Erscheinungen in scharf abgegrenzte Gruppen zu sondern. Wir zogen es vor, die Eigentümlichkeit, die am meisten in die Augen springt, zum Ausgangspunkt zu nehmen, von ihr auf die nächstverwandte überzugehen u. s. w. Bei einer Einteilung nach Kürzung und Erweiterung, die freilich den Vorzug grösserer Übersichtlichkeit haben würde, wäre das innerlich Zusammengehörende auseinandergerissen worden. Die motivierenden Zusätze z. B. wären von den logischen Verbesserungen getrennt, die eingefügten Abkürzungsformeln gesondert ürzung, auf die sie sich beziehen, behandelt worden. Schliesslich wäre noch ein grösseres Kapitel verschiedener Beobachtungen nötig gewesen. Dies zur Rechtfertigung der angewandten Methode, die trotz ihrer Mängel, deren sich Verf. wohl bewusst ist, die annehmbarste zu sein schien.

## Lebenslauf.

Am 18. Februar 1861 zu Leipzig als Sohn des Kaufmanns Philipp Feist geboren, empfing ich den Elementarunterricht in dem Privatinstitute des Dr. M. Zille und trat sodann in die Sexta des Nicolai-Gymnasiums ein. Nachdem ich daselbst Ostern 1880 das Maturitätsexamen bestanden, ging ich nach Heidelberg, um mich dort dem Studium der germanischen und romanischen Philologie zu widmen. Nach 2 Semestern bezog ich die Universität Leipzig und nach abermals 2 Semestern die Universität Marburg, der ich 3 Semester angehörte. Am 22 November 1883 bestand ich das Examen rigorosum.

Den Männern die mir in meinen Studien Anregung und Anleitung zu Teil werden liessen, fühle ich mich zu vielem Danke verpflichtet. Es sind dies besonders die Herren Professoren: Bartsch, Kuno Fischer und Osthoff in Heidelberg, Brugmann, Ebert, Wülcker und Zarncke in Leipzig, Bergmann, Cohen, Lucae, Stengel, sowie die Herren Privatdocenten Dr. Koch und Dr. Sarrazin in Marburg.

Bessere: S. 44 a 26: .... *soy* .. *cuder* st. *se* .. *aider*.